Lena Sjöberg

HARTGEKOCHTE FAKTEN ÜBER EIER

AUS DEM SCHWEDISCHEN VON GESA KUNTER

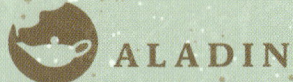

Der Hahn

Silvia

Elvis

Rico

Lizzy

Schoko

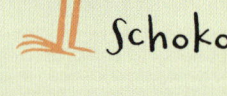

ALLES BEGANN MIT EINEM HÜHNERHAUS ...

Seit wir von der Stadt aufs Land gezogen waren, träumten wir davon, Hühner anzuschaffen. Im siebten Sommer wurde der Traum dann endlich Wirklichkeit und vier Hühner und ein Hahn zogen in unserem kleinen Hühnerhaus auf dem Hof ein. Gleich am ersten Tag legte die Henne Sylvia ein Ei! Als wir es im Nest entdeckten, war es frisch gelegt und noch ganz warm.

Seitdem herrschte ein munteres Kommen und Gehen von Hühnern und Hähnen bei uns. Wir hatten das Glück, dabei zu sein, als die Küken schlüpften. Und mit der Zeit haben sich viele Fragen über Eier angesammelt.

Wie kann ein Küken im Inneren eines Eis atmen? Wie lange dauert es, bis das Huhn ein Ei gelegt hat? Legen Kreuzottern auch Eier? Was ist eine Kuckuckshummel? Warum bemalen wir Ostereier? Und gibt es ein Tier, das viereckige Eier legt?
Die Antworten findest du in diesem Buch.

Daune

Sussie

Unser Hühnerhaus samt einiger unserer Hühner und Hähnen, die in all den Jahren kamen und gingen.

DAS Ei iST FANTASTiSCH!

Über Eier gibt es Erstaunliches zu erfahren.
Das Ei spielt in Geschichten und Mythen auf der ganzen Welt eine wichtige Rolle. Man hat früher geglaubt, dass ein Ei magische Kräfte hat und dass es über Krankheiten und Unglück, über Leben und Tod entscheiden kann. Das Ei steht sowohl für das Mystische als auch für das vollkommen Natürliche und seine Form dient Künstlern, Forschern und Erfindern immer wieder als Inspiration.
Hühnereier werden in der Medizin und zum Herstellen von Shampoo, Schminke und Malerfarbe benutzt.

Manchmal zeigen Menschen ihre Unzufriedenheit, indem sie faule Eier auf andere Leute werfen, die sie nicht mögen.
Das Ei macht den Teig locker und die Soße dick.
Es verleiht dem Kuchen Farbe, hält die Mayonnaise zusammen und sorgt dafür, dass die Fleischklößchen nicht auseinanderfallen.
Außerdem enthält es viele Nährstoffe, die unser Körper benötigt, damit es uns gut geht.
Das Ei ist fantastisch!

Agneta

Am zweiten Freitag im Oktober ist der Welt-Ei-Tag.

Die kleine braune Henne

Bei Tieren, die richtig viele Eier legen, entwickeln sich nur ein paar wenige Eier zu Nachwuchs. Der Mondfisch, der vier Meter lang ist und zwei Tonnen wiegt, legt zum Beispiel 300 Millionen Eier auf einmal! Davon verschwinden die meisten mit der Meeresströmung oder werden zur Nahrung von anderen im Wasser lebenden Tieren. Nur ein paar von ihnen bekommen die Chance, zu neuen Mondfischen heranzuwachsen.

Der Sessel »Das Ei« wurde 1958 von einem dänischen Designer namens Arne Jacobsen entworfen.

Eine Eizelle eines weiblichen Tieres (oder auch von einer Frau) verschmilzt mit einem Spermium eines männlichen Tieres (oder mit dem eines Mannes) und neues Leben entsteht. Das nennt man Befruchtung.

Das Huhn

In Deutschland gibt es ungefähr 177 Millionen Hühner und andere Geflügelarten, die im Jahr zusammen 13,7 Milliarden Eier legen.

Unser heutiges Haushuhn stammt vom Dschungelhuhn ab, das in Wäldern in Indien und auf Java lebt. Das Dschungelhuhn legt acht bis zwölf Eier im Jahr.

Ein Huhn beginnt, Eier zu legen, sobald es zwischen vier und sechs Monaten alt ist.

Die Größe eines Hühnereis hängt von der Rasse und dem Alter der Henne ab.

Ein normales Hühnerei wiegt ungefähr 60 Gramm. Das schwerste Hühnerei der Welt hatte eine doppelte Schale, zwei Dotter und wog 454 Gramm. Das Huhn, das es gelegt hat, stammte aus den USA.

Damit die Eierschale fest wird, braucht ein Huhn Kalk. Kalk befindet sich unter anderem in den Schalen von Muscheln und Austern, die man zerbrechen und den Hühnern zu fressen geben kann.

Ein sehr altes Huhn stammt aus Schweden. Es wurde 27 Jahre alt. Es hieß Großmütterchen, kam aus Mullsjö und legte sein ganzes Leben lang Eier.

Im Frühling werden die Tage länger, und bei den Hühnern wird der natürliche Reflex zum Eierlegen ausgelöst. Die meisten großen Eierfabriken sorgen allerdings dafür, dass die Hühner es das ganze Jahr über hell haben. So legen sie auch im Winter Eier. Doch ein Huhn, das keine Ruhepausen erlebt, wird müde und krank. Einige Rassen sind so gezüchtet, dass sie besonders viele Eier legen können und schon früh damit beginnen. Diese Hühner haben kein langes Leben. Viele werden nach nur einem Jahr geschlachtet, wenn sie mit dem Eierlegen nachlassen.

Hühner, die sich wohlfühlen und es gut haben (und keinen Besuch vom Fuchs oder Habicht bekommen), können 10-15 Jahre alt werden.

LEGEN!

Eine Henne legt Eier ganz unabhängig davon, ob ein Hahn da ist, der ihre Eier befruchtet oder nicht. Aber damit sich im Ei ein Küken entwickeln kann, benötigt man einen Hahn UND eine Henne, die es sorgsam ausbrütet. Man muss sich aber keine Sorgen machen, dass im nächsten Frühstücksei plötzlich ein Küken sitzt. Die meisten gekauften Eier sind unbefruchtet, denn sie kommen aus Fabriken, in denen es ausschließlich Hennen gibt. Auf Biohöfen können Hennen und Hähne zusammenleben, aber die Eier werden den Hennen weggenommen, bevor sie anfangen zu brüten. Wir essen also sowohl befruchtete als auch unbefruchtete Eier.

Wie viele Eier ein Huhn legt, ist unterschiedlich. Manche legen jeden Tag Eier, andere bloß alle zwei oder drei Tage. Ein durchschnittliches Huhn legt jährlich ungefähr 200 Eier und zwar in einer Zeitspanne von 6-7 Jahren seines Lebens. Alte Hühner legen weniger Eier.

Eileiter im Inneren eines Huhns

- Eileitertrichter
- Hier bildet sich die Eierschale
- Hier kommt das Ei heraus
- Schalendrüse
- Die Schalenhaut entsteht hier

Wenn eine Henne geboren wird, befinden sich mehrere Tausend Eizellen in ihrem Eierstock. Jeden Tag löst sich beim erwachsenen Huhn eine reife Eizelle und wird vom Eileiter aufgefangen. Dieser Vorgang dauert etwa 20 Minuten (und es ist der einzige Moment, in dem das Ei befruchtet werden kann).
Innerhalb von cirka drei Stunden bildet sich um den Dotter herum das Eiweiß. (Unabhängig davon, ob das Ei befruchtet oder unbefruchtet ist.) Dann bildet sich innerhalb einer Stunde die Schalenhaut und anschließend die Schale. Diese braucht 19 Stunden, bis sie hart und eben ist.
Bis ein Ei ganz fertig ist, dauert es 24 Stunden. Schon eine halbe Stunde nachdem die Henne ihr Ei gelegt hat, fängt in ihrem Eileiter ein neues Ei an zu wachsen.

Manche Hühnerrassen brüten gerne, während andere kaum Interesse daran zeigen. Ein Ei aus Gips oder Plastik im Nest kann bei der Henne die Lust am Brüten wecken. Wenn eine Henne brütet, legt sie in dieser Zeit keine neuen Eier.

BRÜTEN!

Wenn die Henne brüten soll, rupft sie sich Federn von der Brust und dem Bauch. Die Wärme ihres Körpers überträgt sich über den kahlen Brutfleck auf das Ei im Nest. Man sagt, dass die Henne »schmollt«. Sie frisst nichts mehr und will nicht gestört werden.

Eizellen

Reife Eizelle

Wenn eine Henne genug Eier angesammelt hat, beginnt sie zu brüten. Nach 21 Tagen picken die Küken die Schale auf und schlüpfen. Ihre Mama gibt ihnen so lange Wärme und Schutz, bis sie alleine klarkommen.
Man kann Eier auch durch eine Maschine ausbrüten lassen. Dazu werden die Eier des Hühnerhofs eingesammelt und kühl aufbewahrt. Die Kälte sorgt dafür, dass sich im befruchteten Ei vorerst nichts weiterentwickelt. Zweimal am Tag wendet man die Eier, bevor sie schließlich in die warme und feuchte Brutmaschine gestellt werden. Dann gilt es nur noch abzuwarten!

Das Vogelei besteht aus einer einzigen Eizelle (dem Dotter).
An der Außenseite des Dotters befindet sich die Keimscheibe, in der sich das Küken entwickeln kann. Der Dotter hängt an zwei Schnüren, die aus Eiweiß bestehen. Die brütende Henne wendet ihre Eier jeden Tag mehrmals. Der Dotter dreht sich dabei, sodass die Keimscheibe immer oben ist, dem kahlen Brutfleck am nächsten.

Hagelschnur

Keimscheibe

Wie atmet das Küken im Ei?

In der Eierschale befinden sich ungefähr 10.000 kleine Luftlöcher. Durch diese atmet das Küken Sauerstoff ein und gibt Kohlendioxid ab. In der Zeit, in der das Ei ausgebrütet wird, nimmt es 6 Liter Sauerstoff auf und sondert 4,5 Liter Kohlendioxid ab. Im Innern des Eis wird das Küken durch den Dotter ernährt. Er ist das perfekte Lunchpaket für die 21 Tage, in denen das Küken darauf wartet, aus dem Ei kommen zu dürfen.

Fünfter Tag   Vierzehnter Tag

An seinem Schnabel hat das Küken eine kleine Spitze, die man Eizahn nennt. Wenn sich das Küken im Ei dreht, ritzt der Eizahn die Schale. Davon wird sie spröde. Kurz bevor das Ei ausgebrütet ist, pickt das Küken Löcher in die Luftkammer am flachen Ende des Eis und atmet die Luft aus der Luftblase ein. So beginnen die Lungen zu arbeiten und das Küken kann aus dem Ei schlüpfen.

Was vom Dotter übrig bleibt, genügt dem Küken als Nahrung für die ersten paar Tage. Während dieser Zeit fällt auch der Eizahn ab.

21 Tage lang habe ich im Ei gelegen!

Luftblase

Der Dotter

Der Dotter enthält wichtige Vitamine, Fettsäuren und Mineralien.
Manchmal kann ein Ei zwei Dotter haben. Gerade bei jungen Hühnern kommt das öfter vor und passiert, wenn sich zwei Eizellen gleichzeitig gelöst haben. (Den Weltrekord hält ein Ei mit neun Dottern!) Bisher sind aber keine Zwillingsküken bekannt, die länger als ein paar Tage überlebt haben.
Wenn das Huhn viele Nesseln, Mais und Klee frisst, bekommt der Dotter ein kräftiges Gelb.

Die Schale

Eierschalen bestehen aus Kalk. Auf der Schale befindet sich eine schützende Haut. Daher soll man das Ei, wenn es schmutzig ist, nicht abwaschen, sondern nur mit Küchenpapier abreiben. Dann hält sich das Ei am längsten. Wenn im Ei ein Küken steckt, muss man besonders vorsichtig sein, denn wenn die Haut beschädigt ist, kann das Küken krank werden.

Man kann einem Huhn nicht ansehen, welche Farbe sein Ei haben wird. Helle Hühner legen zwar häufig weiße Eier, aber tatsächlich wird die Farbe eines Eis durch die Hühnerrasse bestimmt. Es gibt Rassen, die grüne, rote und sogar blaue Eier legen.

Wenn ein Huhn gestresst ist oder wenn es zu wenig Kalk zum Futter bekommt, kann es vorkommen, dass es ein Ei ohne Schale legt. So ein Ei bezeichnet man als Hautei oder Windei.

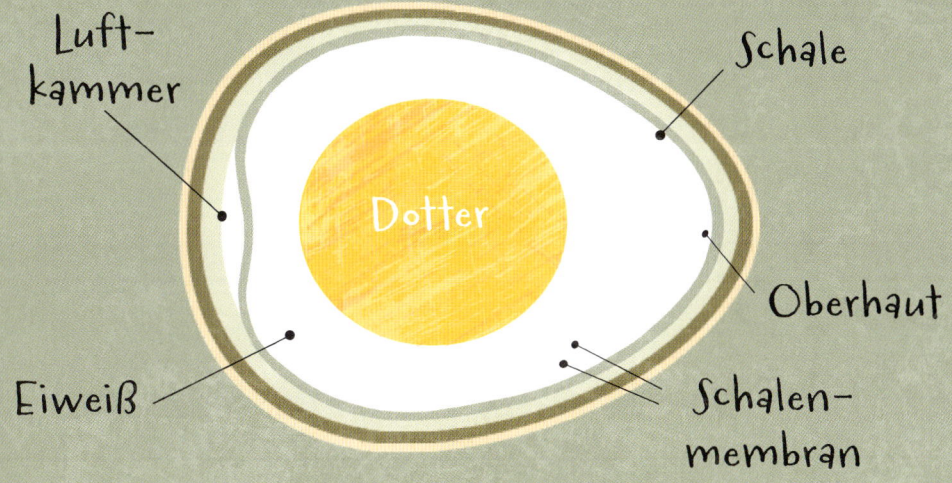

Luftkammer · Schale · Dotter · Oberhaut · Eiweiß · Schalenmembran

Das Eiweiß

Das Eiweiß besteht aus Wasser und Proteinen und funktioniert wie ein Stoßdämpfer, der das Küken schützt, wenn es anfängt sich zu entwickeln.
Das Eiweiß enthält außerdem Enzyme. Die Enzyme wehren Bakterien ab und verhindern, dass diese in den Dotter eindringen.

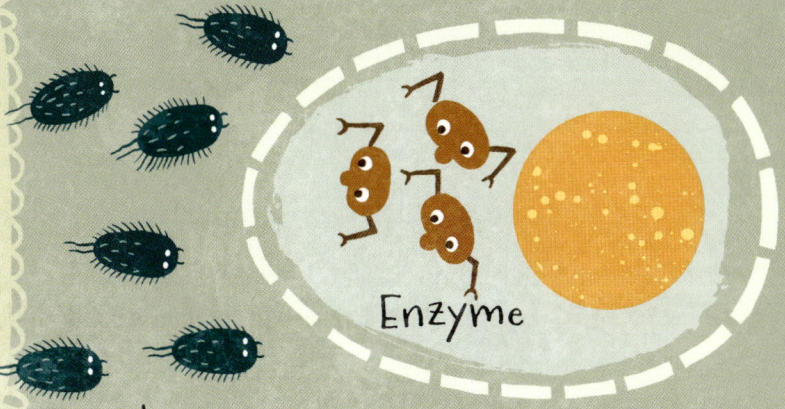

Bakterien · Enzyme

VÖGEL

Alle Vögel legen Eier.

Das gelegte Ei muss es gleichmäßig warm haben. Häufig wechseln sich die Vogeleltern mit dem Ausbrüten ab.

Das Weibchen legt in einem bestimmten Zeitraum oft mehrere Eier auf einmal. Bei vielen Arten beginnt die Entwicklung des Eis erst, wenn der Vogel mit dem Brüten begonnen hat. Die Vogeljungen schlüpfen gleichzeitig.

Vogeleier, die in Löcher oder abgedeckte Nester gelegt werden, sind oft weiß, während Eier, die an einsehbaren Plätzen gelegt werden, fleckig, braun, grün, blau oder grau sein können.

Dass Vögel ihre Eier ausbrüten können, ohne dass diese unter ihnen zerbrechen, liegt daran, dass Eier viel Druck aushalten können, wenn er gleichmäßig über ihre Oberfläche verteilt ist. Ein weiches Nest, und dass der Vogel sein Gewicht beim Brüten auf die Füße verlagert, hilft dabei ebenfalls.

Vogeleier aus einem Nest zu nehmen ist verboten.

Strauß

Der Strauß ist der größte Vogel der Welt und derjenige, der die größten Eier legt. Der Dotter eines Straußeneis gilt als die größte Zelle, die derzeit zu finden ist.

Strauße leben in Herden. Die Weibchen legen zusammen etwa 20 Eier in eine Sandgrube. Manchmal brütet das Männchen, manchmal eines der Weibchen. Manchmal übernimmt auch die Wärme der Sonne das Brüten. Ein durchschnittliches Straußenei ist 15 Zentimeter lang und wiegt 1,5 Kilo. Wenn du dein Straußenei hartkochen willst, beträgt die Kochzeit eine Stunde.

Das größte Straußenei der Welt wurde in Schweden gelegt. Es wog 2581 Gramm, so viel wie 43 Hühnereier! Ein Straußenei kann genauso verwendet werden wie ein Hühnerei und schmeckt auch fast genauso.

Bei den Moas und den Elefantenvögeln handelt es sich um zwei ausgestorbene Vogelarten. Der drei Meter hohe und eine halbe Tonne schwere Elefantenvogel aus Madagaskar lebte bis ins 17. Jahrhundert. Der Moa aus Neuseeland starb bereits hundert Jahre früher aus. Beide legten Eier, die größer als Rugbybälle waren. Ein Ei eines Elefantenvogels würde reichen, um ein Omelett für 30 Personen zuzubereiten!

Moa

Kolibri

So klein wie der winzige Kolibri auf diesem Bild ist, so ist er auch in echt.

Der kleinste Vogel der Welt ist die Bienenelfe, eine Kolibriart, die in der Karibik lebt. Er legt zwei winzig kleine weiße Eier, die jedes weniger als ein halbes Gramm wiegen.
Das Nest des Bikolibris ist so klein wie ein Fingerhut.

Elefantenvogel

Kiwi

Der Kiwi aus Neuseeland legt im Verhältnis zu seinem Gewicht die größten Eier. Sein Ei wiegt ein Viertel dessen, was die Kiwimutter wiegt. Das wäre so, als würde ein Mensch ein 17 Kilogramm schweres Baby auf die Welt bringen.

Nicht alle Vögel brüten ihre Eier aus. Im Dschungel baut das Großfußhuhn Bruthügel, wo Sand, verrottete Pflanzenüberreste und die Sonnenstrahlen das Ei wärmen. Das Männchen steuert die Temperatur, indem es Pflanzenteile dazulegt oder entfernt, so lange, bis die Jungen so weit sind, dass sie sich mit ihren großen Krallen aus dem Ei befreien können.

Großfußhuhn

Emu

Der Emu lebt in Australien und ist nach dem Strauß die nächstgrößte Vogelart. Das Weibchen legt elf große grüne Eier in ein Nest auf dem Boden und das Männchen brütet anschließend die Eier aus. Während dieser Zeit frisst oder trinkt es nichts. In den nächsten 18 Monaten kümmert sich der Emuvater dann um die frisch geschlüpften und sehr lebendigen Jungen.

Trottellumme

Die Eier der Trottellumme sind länglich, haben die Form einer Birne und sind oben spitz. Dank dieser Form rollt es im Kreis, statt von dem Klippenvorsprung zu kullern, wo es ausgebrütet wird.

Kaiserpinguin

Kaiserpinguine legen Eier mit dicker Schale. Das Männchen brütet das Ei aus, manchmal dauert das bis zu zwei Monate. Währenddessen sucht das Weibchen nach Nahrung. Das Männchen trägt das Ei auf den Füßen, da es dort warm und geschützt ist. Wenn das Küken schlüpft, kommt die Pinguinmutter mit Futter für das Junge zurück.

Nashornvogel

Das Männchen des Nashornvogels mauert das Weibchen mit dem Ei in einem Loch im hohlen Baum ein.
Es benutzt dazu Lehm und Tierkot und lässt nur eine kleine Öffnung frei, durch die das Weibchen gefüttert wird. Wenn das Küken schlüpft, darf es mit dem Weibchen herauskommen.

Kuckuck

Der Kuckuck überlässt es anderen Vögeln, sich um seine Eier und die Jungen zu kümmern. Verschiedene Kuckucksweibchen sind darauf spezialisiert, ihre Eier bei verschiedenen Vögeln abzulegen. Kuckuckseier haben Tarnfarben, damit sie den Eiern ihrer zukünftigen Pflegeeltern ähneln. Das Aussehen des Eis hat das Kuckucksweibchen von seiner Mutter geerbt.
Wenn der Kuckuck ein passendes Nest ausgewählt hat, beobachtet das Weibchen dieses einige Stunden, bis es freie Bahn hat.
Innerhalb weniger Sekunden muss es ihm gelingen, ein Ei des Wirtpaares wegzuschubsen (oder es schlucken!) und anschließend sein eigenes ins Nest zu legen.

Sobald das Kuckucksei dort platziert ist, verlässt das Weibchen das Nest und kommt nie wieder zurück. Das große Kuckucksküken schlüpft früher als die Jungen seiner Pflegeeltern. Es hat eine Stelle auf dem Rücken, die es einige Tage lang empfindlich für Berührungen macht. Befinden sich neben ihm Eier oder andere Junge, sieht das Kuckucksjunge zu, dass es diese aus dem Nest stößt.
Der Hungerruf des Kuckucks ist so intensiv, dass manchmal auch Vögel aus anderen Nestern helfen, ihn zu füttern. Es ist sogar schon einmal vorgekommen, dass ein gieriges Kuckucksjunges einfach seine eigenen Pflegeeltern verschluckt hat!

WAS BEDEUTET ...

... EMBRYO?

Als Embryo bezeichnet man meistens ein befruchtetes Ei, also ein Ei, das mit einem Spermium verschmolzen ist.

... OVIPARIE?

Oviparie bedeutet, dass ein oder mehrere Eier im oder außerhalb des Körpers der Mutter befruchtet werden. Das Ei hat eine Haut oder eine Schale, die dabei hilft, das heranwachsende Junge zu schützen. Vögel, Frösche und die meisten Fischarten sind beispielsweise ovipare Tiere.

... VIVIPARIE?

Ein Ei entwickelt sich im Körper der Mutter zu einem Embryo. Der Embryo wird durch die Mutter ernährt, meistens durch den Mutterkuchen, sodass er wachsen kann. Säugetiere, zu denen wir Menschen gehören, sind vivipare (lebendgebärende) Lebewesen. Manche Haiarten sind ebenfalls vivipar.

... OVOVIVIPARIE?

Ovoviviparie ist eine Mischung aus Oviparie und Viviparie. Das Ei wird im Körper der Mutter befruchtet, wo es Häute und eine weiche Schale entwickelt. Der Embryo wird durch den sogenannten Dottersack ernährt. Bei manchen Tieren schlüpft das Junge, bevor das Ei herauskommt. Bei anderen schlüpft es, direkt nachdem das Ei gelegt wurde.
Kreuzottern und Schlingnattern sind ovovivipare Tiere.

... HERMAPHRODIT?

Ein Hermaphrodit ist gleichzeitig männlich und weiblich. Würmer sind Hermaphroditen, aber auch sie müssen sich mit anderen Würmern paaren, um Junge zu bekommen.

... JUNGFRAUENGEBURT?

Unter Krebstieren und manchen Insekten ist es üblich, dass Weibchen Junge bekommen können, ohne dass ein Männchen seine Eier befruchtet hat! Das Junge erbt die Gene der Mutter und wird selbst ebenfalls zu einem Weibchen. Ein solches Junges nennt man Klon. Auch bei Eidechsen und Schlangen kommen Jungfrauengeburten, auch Parthenogenese genannt, vor.

... METAMORPHOSE?

Metamorphose bedeutet Verwandlung.
Manche Insekten durchlaufen in ihrem Leben eine Metamorphose. Der Schmetterling zum Beispiel fängt als Ei an, verwandelt sich dann in eine Larve, wird zur Puppe und krabbelt schließlich vollständig entwickelt aus der Hülle der Puppe. Andere Insekten wie Kakerlaken und Grillen durchlaufen ebenfalls Metamorphosen. Sie überspringen jedoch das Larven- und Puppenstadium.

... NYMPHE?

Bei den Insekten mit unvollständiger Metamorphose bezeichnet man das Stadium zwischen Ei und ausgewachsenem Insekt als Nymphe. Libellen und Heuschrecken können ein oder mehrere Nymphenstadien durchlaufen.
Häufig ähneln die Nymphen den ausgewachsenen Insekten.

Die Eier von Insekten

So sieht der Lebenszirkel eines Schmetterlings aus. Der Schmetterling durchläuft eine vollständige Metamorphose.

Schmetterling — Eier — Larve — Puppe

Die Hummelkönigin baut ihr Nest an einem geschützten Ort, zum Beispiel in einem verlassenen Wühlmausbau. Sie legt mit den Flügeln ihre Eier in kleinen runden Krügen aus Wachs ab. Manche Königinnen nennt man Kuckuckshummeln, weil sie Eier in den Nestern anderer Hummeln ablegen.

Die Larven des Marienkäfers lieben Blattläuse! Deswegen legt der Marienkäfer seine Eier häufig auf Blättern ab, wo es vor Läusen nur so wimmelt. Die Larven schlüpfen direkt auf dem Abendbrottisch und können sich sofort satt essen.

Die Orientalische Kakerlake kann man auch in Europa antreffen. Das Weibchen legt seine Eier in einer Eikapsel ab, die eine sehr harte Schale hat. Sobald es ein gutes Versteck für seine Kapsel gefunden hat, bedeckt es diese sorgfältig mit einer Mischung aus Abfall und Spucke. Nach ein paar Monaten kriechen aus diesem Versteck etwa 16 kleine Nymphen heraus. Bis eine Kakerlakennymphe ausgewachsen ist, dauert es etwa ein Jahr.

Parasitoide Wespen legen ihre eigenen Eier in den Eiern oder Eikapseln anderer Insekten ab. Manchmal sogar im Inneren anderer Insekten.
Wenn die Larven schlüpfen, fressen sie das andere noch lebende Wirtinsekt langsam, aber sicher von innen auf.

Der Mistkäfer legt seine Eier in Kot ab! Er sucht sich dafür einen schönen frischen Kuhfladen, in dem die Eier schlüpfen. Die Larven leben dann im Kuhfladen, wo sie sich dank ihrer kräftigen Kiefer so lange Kuhdung einverleiben, bis dieser trocknet und hart wird.

Eintagsfliegenlarve

Die Eintagsfliege lebt als Larve mehrere Jahre im Wasser. Wenn die Larve schlüpft, schwimmt sie an die Oberfläche, häutet sich und fliegt davon.

Das Leben einer Eintagsfliege ist kurz (manche leben sogar nur ein paar Stunden!). Aber sie schafft es trotz dieser knapp bemessenen Zeit, sich zu paaren und Eier zu legen. Sobald die Eier gelegt sind, stirbt die Eintagsfliege.

Der Ohrenkneifer ist eins der wenigen Insekten, das sich um seine Jungen kümmert, nachdem sie geschlüpft sind.

Läuseeier oder Nissen, wie sie genannt werden, sind etwa einen Millimeter groß, birnenförmig und haben eine kleine Öffnung an der Spitze, aus der die Läuse herausklettern, wenn sie ausgewachsen sind. Neue Läuseeier sind hellgelb und sitzen in der Nähe der Kopfhaut. Die Eier, aus denen Läuse geschlüpft sind, sind weiß und befinden sich weiter unten am Haar. Eier mit toten Läusejungen sind dunkel.

Riesen-Stabschrecken können Hunderte Eier auf einmal legen. Bei manchen Arten brauchen die Eier nicht befruchtet zu werden, dann werden nur Weibchen geboren. Ihre braunen Eier haben eine Größe von ein paar Millimetern und obenauf befindet sich ein Knopf. Man kann die Eier von Riesen-Stabschrecken selbst in einer Dose mit Sand ausbrüten. Besprüht man die Eier ab und zu mit Wasser, kann man nach ein paar Monaten sehen, wie neugeschlüpfte Nymphen die Eierknöpfe beiseitestoßen und herausklettern.

Eier von Spinnentieren

Ein Spinnenweibchen legt seine Eier in Kokons ab, die es aus Spinnweben gesponnen hat. Manche Spinnen tragen ihre Kokons solange mit sich, bis die Eier schlüpfen. Es kommt vor, dass die Spinnmutter von ihren eigenen Kindern aufgefressen wird!

Bei den Mücken saugt nur das Weibchen Blut. Das tut es, um Nahrung für die Eier zu haben, die sich dann in seinem Hinterteil entwickeln. Die Eier legt es auf einer Wasseroberfläche ab und die Larven und Puppen leben zunächst im Wasser, bis sie schlüpfen und zu neuen Stechmücken heranwachsen.

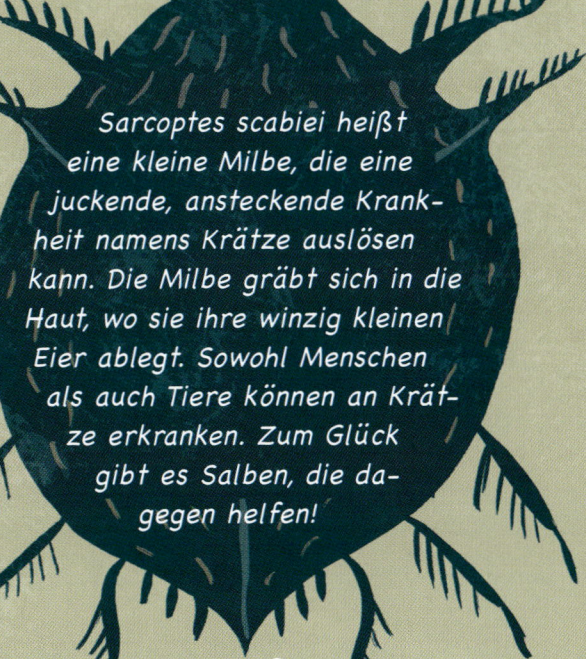

Sarcoptes scabiei heißt eine kleine Milbe, die eine juckende, ansteckende Krankheit namens Krätze auslösen kann. Die Milbe gräbt sich in die Haut, wo sie ihre winzig kleinen Eier ablegt. Sowohl Menschen als auch Tiere können an Krätze erkranken. Zum Glück gibt es Salben, die dagegen helfen!

Räuberameisen umzingeln andere Ameisenvölker und stehlen ihre Puppen, die sie in ihren Bau schleppen. Nachdem sie geschlüpft sind, werden sie vom Duft der Räuberameisen gebannt und von ihnen versklavt.

SCHLANGEN & ECHSEN

Obwohl sie nicht zu den Säugetieren gehören, bringen manche Schlangen und Echsen ihre Jungen lebendig auf die Welt. Bei der Kreuzotter bildet sich um die befruchtete Eizelle eine Schale im Körper des Schlangenweibchens. Kurz bevor das Junge geboren wird, schlüpft es noch im Innern des Weibchens aus dem Ei.

Die meisten Schlangen legen Eier, oft richtig viele auf einmal. Ihre Eier werden nämlich gerne von anderen Tieren gefressen, und die Chance, dass aus ein paar der Eier tatsächlich Junge schlüpfen, ist größer, wenn die Schlange möglichst viele Eier legt. Das Weibchen der Pythonschlange brütet, indem es sich mit seinem vibrierenden Körper um die Eier schlängelt. Die Ausschläge seines Körpers sorgen dafür, dass die Temperatur der Eier steigt.

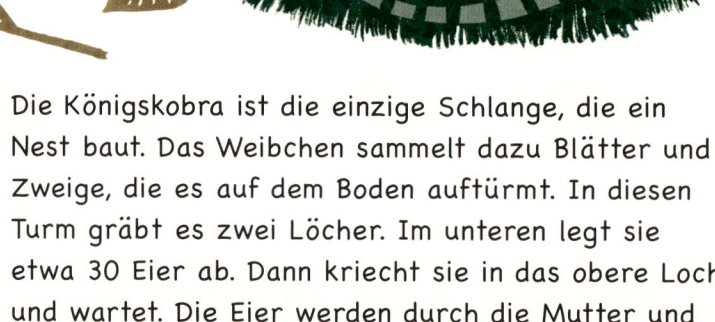

Die Königskobra ist die einzige Schlange, die ein Nest baut. Das Weibchen sammelt dazu Blätter und Zweige, die es auf dem Boden auftürmt. In diesen Turm gräbt es zwei Löcher. Im unteren legt sie etwa 30 Eier ab. Dann kriecht sie in das obere Loch und wartet. Die Eier werden durch die Mutter und die verrottenden Pflanzen im Nest warm gehalten.

Die Eier der unter Naturschutz stehenden Zauneidechse sind länglich und haben eine weiche Schale. Sie legt sie an warmen, sandigen Orten oder in Ameisenhaufen ab.

FRÖSCHE

Da Froscheiern eine Eihaut fehlt, müssen die Eier in einer feuchten Umgebung abgelegt werden, wo sie Sauerstoff aufnehmen können. Der Rotaugenlaubfrosch lebt im Regenwald und legt seine Eier in zusammengerollte Blätter, in denen sich häufig die Feuchtigkeit sammelt. Im Inneren des Eis kann das Junge alle Erschütterungen spüren und sogar unterscheiden, welche vom Platzregen verursacht werden und welche eine bedrohliche Schlange auslöst. Werden die Eier angegriffen, durchbrechen die Jungen unvermittelt die Schale des Eis und haben so eine Chance, sich zu retten.

Meeresschildkröte

SCHILDKRÖTEN

Schildkröten vermehren sich selten. Nur jedes fünfte Jahr kehren die vom Aussterben bedrohten Meeresschildkröten zu ihrer Geburtsstätte zurück, um Eier zu legen. Sie verstecken diese in einer Sandgrube. Bei manchen Schildkrötenarten steuert die Temperatur der Umgebung, ob sich männliche oder weibliche Jungen darin entwickeln. Die Schale der Eier ist dünn und ledrig und die Jungen müssen von Anfang an ganz allein zurechtkommen.

KROKODILE

Nilkrokodil

Ein Krokodilweibchen legt seine Eier in einem Nest ab, das es mit Pflanzenteilen bedeckt. Wochenlang werden die Eier durch die Sonne und die verrottenden Pflanzen gewärmt, bis schließlich die Jungen ihrer Mutter durch Fiepen signalisieren, dass sie herauskommen wollen. Dann gräbt das Weibchen die Eier wieder aus, bricht die Schale mit ihren Zähnen auf und hilft den Jungen so, aus dem Ei zu schlüpfen.

SÄUGETIERE KÖNNEN DOCH WOHL KEINE EIER LEGEN?

Du weißt sicher, dass Säugetiere lebendige Junge zur Welt bringen, aber wusstest du, dass es tatsächlich zwei Säugetiere gibt, die Eier legen? Das eine ist das Schnabeltier, das zwei Eier im Jahr legt. Diese Eier haben eine weiche Schale und reifen innerhalb von 12 Tagen.

Der Ameisenigel ist das andere Eier legende Säugetier. Das Weibchen legt ein Ei und seine Jungen schlüpfen im Beutel der Mutter.
Eier legende Säugetiere gehören zu einer Gruppe, die man Kloakentiere nennt. Es gibt sie nur in Australien und auf Neuguinea.

Schnabeltier — *Ameisenigel*

Eier unter Wasser

Rogen oder Laich nennt man die weichen Eier bei Fischen, Amphibien und Krebstieren. Die Samenflüssigkeit von Fischen bezeichnet man als Milch und Fortpflanzung heißt bei Fischen Laichvorgang.

Die Befruchtung kann im Innern des Fischkörpers oder außerhalb stattfinden: Entweder gibt das Weibchen seinen Rogen ins Wasser und das Männchen befruchtet diesen mit der Milch. Oder die Milch wird in das Weibchen gespritzt, wo sich der Rogen zu Fischbrut entwickelt.

Nach zwei Jahren als Männchen wechselt die Garnele das Geschlecht und wird zum Weibchen. Der Rogen entsteht im Kopf des Weibchens vor der Befruchtung und wird im Bauch verwahrt, bis Larven daraus schlüpfen.

Die Eier der Qualle wachsen in den Armen des Weibchens zu Larven heran. Nach und nach bleiben die Larven an einer Stelle am Boden haften, wo jede einzelne viele neue kleine Quallen bildet!

Beim Seepferdchen und bei der Grasnadel ist es das Männchen, das schwanger wird. Das Weibchen legt seinen Rogen in eine Tasche auf dem Bauch des Männchens ab. Dort werden die 2.000 Eier befruchtet und durch den sogenannten »Vaterkuchen« ernährt, bevor sie schlüpfen und als winzige Kopien der Eltern in die Welt hinausschwimmen.

Ein 5-Kilo-Hecht wie ich kann ungefähr 90.000 Eier während einer Laichzeit ablegen.

Gibt es Fische, die Vogeleier fressen? Ja, die gibt es! In der Mitte der 1980er-Jahre haben Fischer vor Island Heilbutte entdeckt, die die Mägen voller Vogeleier hatten. Offenbar lassen sich Heilbutte also ganz gerne die Eier schmecken, die von den steilen Klippen ins Meer fallen.

An den Gewässern, wo Haie und Rochen leben, lassen sich an Land häufig leere Eikapseln finden, die das Meer anspült. Sie sind dunkelbraun oder schwarz. Manche der Kapseln von Haien sind spiralförmig, während andere lange Hörner haben, mit denen sie sich an Seegras oder Tangbüschel hängen können.

Wenn sich zwei Tintenfische paaren, sieht das aus, als hielten sie einander an der Hand. Das Weibchen bewacht die Eier auf dem Meeresboden und hört auf zu fressen. Wenn die Jungen schlüpfen, stirbt es.

Eikapsel vom Hai

Manche Fische brüten ihre Eier im Maul aus, bis die Jungen schlüpfen. Bei manchen Arten sucht später auch die Brut Schutz im Maul der Eltern, wenn Gefahr droht.

Die Eier des Rochens liegen in einer viereckigen Kapsel, die man auch Nixentasche nennt. Die Schale besteht aus 35 verschiedenen Schichten und innen befindet sich eine Art Wasserpumpe, die dafür sorgt, dass die Brut in den zwei Jahren, in denen sie im Ei liegt, mit Feuchtigkeit versorgt wird.

Das Stichlingsmännchen lockt das Weibchen zum Nest, das es aus Pflanzenteilen gebaut hat. Nachdem es die Eier befruchtet hat, bleibt das Männchen so lange allein, bis die Jungen schlüpfen. Es bewegt die Flossen über dem Laich, damit sie mit Sauerstoff versorgt werden. Eine Woche lang bewacht es seinen Nachwuchs.

Tintenfischeier

Dino-Eier

Was kam eigentlich zuerst, das Huhn oder das Ei?
Es gibt viele Forscher, die behaupten, dass das Ei zuerst kam. Sie gehen davon aus, dass vor etwa 70 Millionen Jahren im Ei eines Tiers, das dem ähnelt, was später ein Huhn werden sollte, eine Genveränderung eingetreten ist.
Andere Forscher haben die Schale von Hühnereiern untersucht, und herausgefunden, dass sie ein Protein enthält, das ausschließlich im Eierstock des Huhns zu finden ist. Sie sind also der Meinung, dass ein Ei ohne ein Huhn nicht entstehen kann und das Huhn zuerst kam!
Eine spannende Frage, deren Antwort uns sicherlich noch lange Zeit Kopfzerbrechen bereiten wird.

Bevor vor 65 Millionen Jahren die Dinosaurier ausstarben, lebten sie an Land und legten Eier. Viele Arten bauten außerdem Nester, und möglicherweise hat ein Teil der Dinosaurier seine Eier ausgebrütet, genau wie Vögel. Vielleicht brüteten die Dinosaurier aber nicht nur, um die Eier warm zu halten, sondern auch, um sie an richtig heißen Tagen zu kühlen. Und um sie vor Eierdieben zu schützen.

Flugechsen und Dinosaurier lebten zwar gleichzeitig auf der Erde, aber sie waren nicht miteinander verwandt. Die Eierschalen von Flugechsen waren weich, sodass sie Feuchtigkeit ins Innere zum Jungen durchließen. Vermutlich vergruben die Flugechsen ihre Eier, genau wie Reptilien es heute auch tun.

Zwischen 20 und 40 Eier konnte ein Dinosaurier in seinem Nest legen, und man vermutet, dass es normalerweise etwa einen Monat dauerte, bis die Jungen schlüpften.
Ein neugeborenes Junges wog wohl bis zu 10 Kilo – und seine Mutter bis zu 100 Tonnen!

Forscher sind sich heute einig, dass alle Vögel von uns fleischfressenden Dinosauriern abstammen. Irgendwann bekamen ich und meine Freunde Federn, und wir legten riesengroße Eier! Apropos große Eier: Das größte Dinosaurierei der Welt haben Archäologen in China ausgegraben. Es ist 43 Zentimeter lang und wurde von einem nahen Verwandten von mir gelegt, dem Tarbosaurus.

In Indien hat man über die Jahre hinweg über 2.000 Dinosauriereier gefunden! Im Jahr 2007 wurden Hunderte von versteinerten Dinosauriereiern auf dem Grund eines ausgetrockneten Flusses in Zentralindien gefunden. Man kann jedoch immer noch nicht mit Sicherheit sagen, welche Sorte Dinosaurier es war, die die Eier gelegt haben. In Südostindien fanden Geologen mehrere Eier, die unter Asche begraben in Nestern lagen. Vielleicht die Folge eines großen Vulkanausbruchs?

Der Plesiosaurier war ein Reptil, das im Meer und in seichten Gewässern lebte. Man vermutet, dass Plesiosaurier, im Gegensatz zu den Dinosauriern, lebende Junge gebaren.

*Fossilien von Plesiosauriern wurden zum Beispiel bei Paderborn, im westfälischen Höxter und bei Sarstedt in Niedersachsen gefunden.

Ei + Spermie = Du!

Eine Eizelle und ein Spermium waren nötig, um genau dich zu erschaffen. Die befruchtete Eizelle hat sich geteilt und alle Zellen deines Körpers gebildet. Ziemlich gut, oder?

Die Eizelle der Frau ist die größte Zelle des Körpers, und doch so klein wie der Punkt am Ende dieses Satzes. Die Eier befinden sich in den Eierstöcken der Frau und die Spermien in den Hoden im Hodensack des Mannes.

Eine Frau wird mit Hunderttausenden Eizellen in ihren Eierstöcken geboren. In der Zeitspanne, in der sie Kinder bekommen kann, reift jeden Monat eine Eizelle heran, verlässt den Eierstock und wird vom Eileiter aufgefangen. Dort kann sie 48 Stunden lang verweilen und von einem Spermium des Mannes befruchtet werden, wenn eine Frau und ein Mann Geschlechtsverkehr haben. Sie wird schwanger.

Beim Geschlechtsverkehr schwimmen 500 Millionen Spermien hinauf in die Gebärmutter und in die Eileiter. Wenn sich ein Ei im Eileiter befindet, dringt ein Spermium in das Ei ein. Im selben Moment verschließt sich die Hülle der Eizelle für den Rest der Spermien. Das Gewinnerspermium verschmilzt mit dem Kern der Eizelle und das Ei beginnt, sich in mehrere Zellen zu teilen, während es durch den Eileiter Richtung Gebärmutter wandert.

Wenn das befruchtete Ei in der Gebärmutter angekommen ist, nistet es sich in der Gebärmutterschleimhaut ein und ein Embryo beginnt sich zu entwickeln. Nach ungefähr 40 Wochen wird ein Kind geboren.

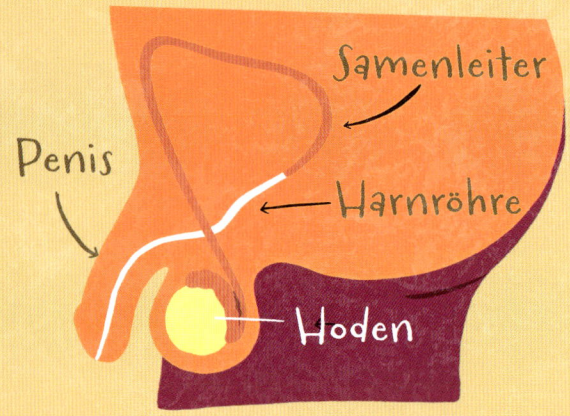

Wenn zwei Eier gleichzeitig befruchtet werden, entstehen Zwillinge. Zweieiige Zwillinge können verschiedenen Geschlechts sein und müssen sich nicht besonders ähnlich sehen.
Wenn drei oder vier Eier gleichzeitig befruchtet werden, entstehen Drillinge oder Vierlinge.
Eineiige Zwillinge entstehen aus einem Ei und sie haben die gleiche Erbanlage und dasselbe Geschlecht.

Nicht immer entwickelt sich ein Kind aus einer befruchteten Eizelle. Manchmal tritt etwas ein, das bewirkt, dass die befruchtete Eizelle abgestoßen wird. Das nennt man Fehlgeburt. Meistens weiß man nicht, warum das Ei sich nicht weiter zu einem Baby entwickeln wollte.

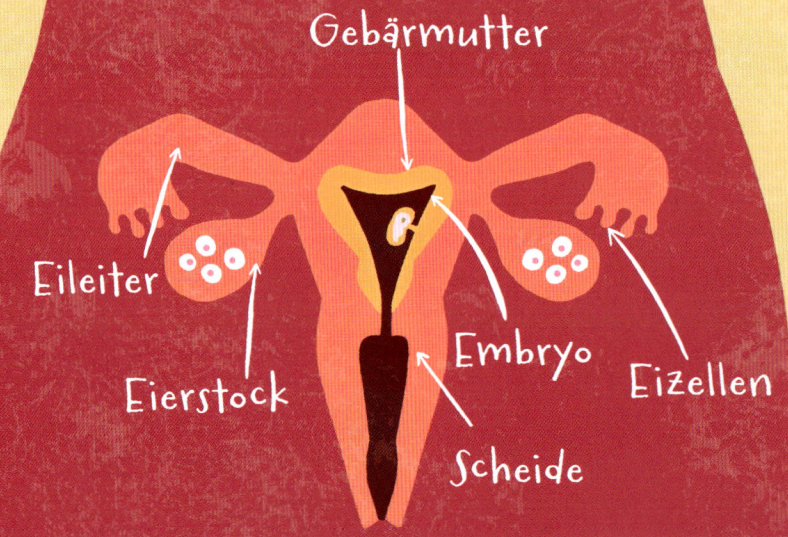

Das Ei & die Wissenschaft

Ein Kind kann auch entstehen, ohne dass ein Spermium und eine Eizelle im Eileiter aufeinandertreffen. Künstliche Befruchtung nennt man es, wenn man in einem Labor den Spermien dabei hilft, in das Ei zu gelangen. Nach ein paar Tagen, wenn das befruchtete Ei es geschafft hat, sich mehrmals zu teilen, wird es zurück in die Gebärmutter der Frau gesetzt. Wenn es sich dort einnistet, kann ein Kind heranwachsen.

Forscher haben versucht, neue Gene bei Hühnern einzuführen. Die Gene sorgen dafür, dass Hühnereier Stoffe enthalten, die man bei der Herstellung wichtiger Medikamente benötigt. Vielleicht werden Hühner auf diese Weise zukünftig schwer kranken Menschen dazu verhelfen, gesund zu werden?

In einer Eizellenbank kann man menschliche Eizellen einfrieren und für später aufbewahren. Auf diese Weise können Frauen das Mutterwerden auf einen späteren Zeitpunkt im Leben verschieben. Die Temperatur der entnommenen Eizellen wird auf minus 196 Grad herabgesetzt. Danach werden sie in einem speziellen Gefäß mit flüssigem Stickstoff bis zu dem Tag, an dem die Frau schwanger werden möchte, aufbewahrt.

Ein Spermium ist so klein, dass es mit bloßem Auge nicht zu erkennen ist.

Die menschlichen Spermien enthalten ein Molekül, das denen ähnelt, die sich auf den Geruchszellen in der Nase befinden. Das haben amerikanische und deutsche Forscher herausgefunden. Sie gehen davon aus, dass die Eizellen einen Duft entsenden, der die Spermien dazu bringt, schneller und in die richtige Richtung zu schwimmen.

Eizelle, die sich geteilt hat.

Historische Eier

Durch alle Zeiten hinweg galt das Ei als Symbol für das Leben und die Fruchtbarkeit. Das Ei stand für die vier Elemente: die Schale für die Erde, die Schalenhaut für die Luft, das Eiweiß für das Wasser und der Dotter für das Feuer. Das Ei symbolisierte außerdem die Wiedergeburt, was erklärt, warum Amulette und Bilder, die Eier abbildeten, so häufig als Grabbeigaben gefunden wurden, unter anderem bei den ägyptischen Mumien.

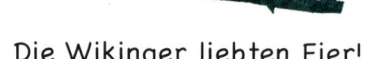

Die Wikinger liebten Eier!
Sie hielten Hühner als Haustiere und plünderten gern auch mal Vogelnester, um an die Eier wilder Vögel zu kommen.
Während der Wikingerzeit glaubte man, dass die Erde aus einem Ei entstanden war. Die Göttin Freya wurde mit Eiern verknüpft, und vielleicht dachte man auch, dass das Ei als Symbol die Kraft besaß, den Tod zu überwinden?
In Wikingergräbern auf Gotland in Schweden hat man hohle Keramikeier, sogenannte Auferstehungseier, gefunden. Innen im Hohlraum befand sich ein rasselnder Stein, der den Samen des Lebens und die Wiederauferstehung symbolisierte.

Vor 2500 Jahren waren Haushühner in allen Ländern rund ums Mittelmeer zu finden. Von dort verbreiteten sie sich über ganz Europa.

Im Mittelalter benutzte man manchmal Hühnereier, um Steuern zu bezahlen.

KA-KA-KA-KA-KA

Piraten und Seefahrer nahmen an Bord ihrer Schiffe häufig Hühner mit. So wurden sie auf ihren langen Reisen mit frischen Eiern und auch mit Fleisch versorgt.

Mönche und Nonnen in christlichen Klöstern haben dazu beigetragen, Wissen über Hühner und Eier zu verbreiten. Viele Klöster haben bis heute eine eigene Hühnerschar.

Im 19. Jahrhundert wurden die ersten Rassehühner importiert. Man fing an, neue Hühnerrassen zu züchten, der Eierkarton wurde entwickelt und Eier wurden mehr und mehr zur Handelsware.

Im 20. Jahrhundert wurden die Hühnerscharen größer und Eier sollten in hohem Tempo produziert werden. Die Tiere durften aber selten frei herumlaufen, sondern wurden im Inneren der Häuser in engen Käfigen gehalten. Heute sorgen neue Gesetze dafür, dass Hühner wenigstens auf einer Sitzstange schlafen dürfen, im Sandbad baden und Zugang zu Hühnerstall und Legenest haben. Trotzdem ist es noch ein weiter Weg, bis alle Hühner draußen herumstolzieren und auf dem Boden picken können. Obwohl dies das ist, was Hühner am allerliebsten tun.

WER ERFAND DEN EIERBECHER?

Wer genau den Eierbecher erfand, lässt sich leider nicht feststellen, aber dass die Menschen bereits vor 2000 Jahren ihr gekochtes Ei gerne aus Eierbechern aßen, steht fest. In der italienischen Stadt Pompeji haben Archäologen nämlich Scherben von Eierbechern gefunden.

Lange Zeit wurden Eierbecher nur von den Reichen benutzt. Bei den ausgefallensten Eierbechern handelte es sich um Silbertabletts mit Aushöhlungen, in denen die Eier liegen konnten.

Im 15. Jahrhundert gab es Eierbecher, in denen die Eier standen, später wurden Eierhalter hergestellt, die Platz für ein liegendes Ei in der breiten Schale und für ein stehendes im Fuß des Eierhalters hatten (wenn man ihn umdrehte).

Wer den Tisch für einen König deckt, kann sogar auf Eierbecher aus Gold zurückgreifen.
Wir, die wir keine Könige sind, können zwischen Eierbechern aus vielerlei anderem Material wählen, falls uns echtes Gold zu kostspielig sein sollte.

Eier im Weltraum

Auch im Weltraum befinden sich Eier, nämlich eierförmige Gasklumpen, die sich mit der Zeit zu Sternen entwickeln können. Forscher sind dabei, mit Weltraumteleskopen diese Gasklumpen zu untersuchen, die sich im sogenannten Adlernebel befinden, 6500 Lichtjahre von der Erde entfernt.

In vielen Kulturen der Welt symbolisiert das Ei Leben, Fruchtbarkeit und Wiedergeburt.

Die meisten Eier werden in Japan gegessen, nämlich 350 Stück pro Person im Jahr. In Deutschland werden 235 Eier pro Person im Jahr gegessen.

In China gibt es ein Gericht, das sich Tausendjährige (oder Hundertjährige) Eier nennt. Das sind rohe Eier, die in einer Mischung aus Lehm, Asche und Salz gebacken werden. Nach ungefähr 100 Tagen wird der Dotter grün und das Eiweiß verwandelt sich in eine Art Gelee. Das Ei riecht wie vergorener Hering und schmeckt mild und leicht salzig.

In einer chinesischen Erzählung über die Entstehung der Erde wird das Universum wie ein gigantisches Ei beschrieben. Aus dem Ei soll ein Riese geboren worden sein, der aus den zwei Teilen Yin und Yang bestand. Yin wurde zum Himmel und Yang zur Erde.

Sorbische Eier sind verzierte Eier, auf deren Schale filigrane Muster aufgetragen werden. Dazu wird meist eine Gänsefeder benutzt, die zuvor in geschmolzenes Wachs getaucht wurde. Anschließend wird das Ei gefärbt und wenn das Wachs wegschmilzt, taucht auf dem Ei ein Muster auf.

In thailändischen Läden kann man rosa Eier finden. Man nennt sie Kai Yiew Ma, was in etwa »Ei konserviert in Pferdepipi« heißt. Aber in Wirklichkeit wird bei der Zubereitung kein Pferdeurin benutzt, sondern Tee und verschiedene Chemikalien, wie z.B. Zinkoxid.

OSTERN

Der Ausdruck Ostern kommt aus dem Hebräischen. Pessach bedeutet »passieren« und spielt auf eine biblische Erzählung an, in der Gott als Todesengel verkleidet jüdische Straßenkinder vor dem Tod verschonte, als er an ihrem Haus vorüberging. In den jüdischen Pessachtraditionen symbolisiert ein hartgekochtes Ei das harte Leben des jüdischen Volkes als Sklaven in Ägypten. Das Ei gehört unbedingt auf den jüdischen Pessachtisch.

Vor langer Zeit hat man gefastet, um der biblischen Erzählung von Jesus in der Wüste zu gedenken. An den 40 Tagen vor Ostern durfte man weder Fleisch noch Eier essen. Wenn der Frühling sich näherte, fingen die Hühner an, Eier zu legen. Diese wurden bis zum Ostersonntag aufbewahrt, wenn die Fastenzeit vorbei war.

Ostern ist auch für die Christen das wichtigste Fest. Im Christentum wird es gefeiert, um Jesus' Auferstehung am dritten Tag nach der Kreuzigung zu gedenken. Der christliche Brauch Ostern zu feiern hat seine Wurzeln im jüdischen Pessachfest.

Dass wir an Ostern Eier essen, kann aber ein Brauch aus der Wikingerzeit sein. Wenn damals der Frühling Einzug hielt, wollte man feiern, wie die Natur wieder zum Leben erwachte. Dann wurden Eier verzehrt, aber auch den höheren Mächten geopfert. Man glaubte, dass die Eier vor bösen Zaubern und Krankheiten schützten.

Ein Teil der Christen sieht im Ei Jesus' Grab, und die Schale zu knacken symbolisiert, wie Jesus von den Toten auferstanden ist.

Ob als buntes Frühstücksei, Rührei, Spiegelei oder im Kuchen verarbeitet – zu Ostern steigt der Verbrauch von 4 Eiern auf 7 Eier pro Kopf pro Woche. Insgesamt beträgt der Ostereierbedarf in Deutschland 240 Millionen Eier.

OSTEREIER

Eier zu bemalen war von Anfang an ein religiöser Brauch. Das Ei, das Jesus' Grab symbolisierte, wurde zuerst mit einem einfachen Kreuz verziert und später dann mit farbenfrohen Mustern.

Die Menschen im Mittelalter nahmen Eier mit in die Kirche, um sie an Ostern segnen zu lassen.
Man glaubte, dass dem Ei durch Gebete Kraft verliehen wurde. Gesegnete Eier gab man an Menschen weiter, die man gern hatte.

Um das Ende der Fastenzeit zu feiern, schenkte man einander bemalte Eier.

Die Tradition, dass ein erfundener Osterhase Eier an Kinder verschenkt, stammt aus Deutschland. Hier wurden Ostereier im 17. Jahrhundert beliebt. Sogar so sehr, dass man es verbieten lassen musste, mit Ostereiern in der Kirche zu spielen. Wer den Gottesdienst trotzdem störte, konnte von der Stadtwache in eine Zelle gesperrt werden.

In den osteuropäischen Ländern ist die Tradition des Eierbemalens am meisten verbreitet. Man bläst das Ei zuerst aus und verziert es dann mit prächtigen Mustern. In Polen und Tschechien werden sogar häufig Ostereier-Malwettbewerbe veranstaltet.

FABERGÉ

Im Jahr 1885 bestellte der russische Zar Alexander III. ein besonders schönes Osterei, das er seiner Frau Maria schenken wollte. Das Ei war aus weißer Emaille und in seinem Inneren befand sich ein goldener Dotter, der sich öffnen ließ. Darin lag ein Hühnchen aus Gold und in diesem wiederum befand sich ein Rubin! Maria war so entzückt über ihr Ei, dass der Ostereihersteller Fabergé jede Ostern ein neues kreieren musste. 57 Jahre lang! Mit der Zeit wurden sie immer aufwendiger verziert. Heute fehlen in der Sammlung mehrere Eier, aber im Jahr 2007 wurde ein Fabergéei auf einer Versteigerung zum Preis von 12,5 Millionen Euro verkauft.

Früher dekorierte man Ostereier mit allem, was man zur Hand hatte: Wiesen-Kerbel, die ersten Petersilienstängel des Jahres, Kornähren und alles, was sich auftreiben ließ, wurde mit Nähgarn um das Ei gebunden. Das Ei kochte man zusammen mit Zwiebelschalen, deren Farbe dafür sorgte, dass die Abdrücke der Blätter als Muster auf dem Ei erschienen. Danach rieb man das Ei auch gerne mit einer Speckschwarte ein, damit es schön glänzte.
Andere Färbemittel waren Kaffeesatz, Birkenblätter oder Rote-Bete-Saft. Wenn die Eier gefärbt waren, konnte man mit einem Messer hübsche Ornamente in die Schale kratzen.

Eine Weile waren Eier aus Zuckerguss üblich. Man nannte sie Zuckereier oder Guckeier. Sie waren mit einem Fenster versehen, durch das man durchgucken und in dem man eine Miniaturlandschaft mit Märchenfiguren, Eiern, Hähnen oder Hasen erkennen konnte.

Heute füllen wir unsere Ostereier mit Süßigkeiten, um sie an Ostern zu verschenken.

EIERROLLEN

Eierrollen ist ein Spiel, das ab 1550 in Deutschland gespielt wurde. Reiche Kinder rollten dabei Eier, die arme Kinder aufsammeln durften. Heute wird Eierrollen auch in vielen anderen Ländern gespielt – von Nordeuropa bis Ägypten.

Beim Eierrollen werden verzierte, hartgekochte Eier von einem Brett oder einer ähnlichen Unterlage gerollt. Das Ziel des Spiels ist es, mit dem eigenen Ei ein anderes zu treffen, das vorher gerollt wurde. Das Ei, das man mit dem eigenen Ei berührt hat, darf man behalten. Eine Variante des Spiels ist, die Eier so weit wie möglich von einem »Eierhügel« hinabzurollen.

In den USA rollt man die Eier vom Start bis zum Ziel mithilfe eines Löffels. Vor dem Weißen Haus in Washington ist das am Ostermontag Tradition.

EIERDITSCHEN

Eierditschen ist eine andere Tradition. Am Morgen des Ostersonntags versammeln sich Erwachsene und Kinder, um ihre eigenen Ostereier gegen die der anderen zu ditschen. Wenn ein Ei auf beiden Enden zerditscht ist, bekommt der Gegner das Ei. Wer am meisten Eier hat, wird der Eierkönig oder die Eierkönigin. Eierditschen macht man nicht nur bei uns. In Rumänien etwa spielt man es mit leuchtend roten Eiern, und im indischen Bundesstaat Assam nennt man das Spiel Koni-juj. Und wenn der muslimische Fastenmonat Ramadan zu Ende geht, kann man in Afghanistan Menschen sehen, die während des großen Eid al-Fitr-Festes Eier ditschen.

Eierausdrücke

Es wimmelt nur so vor Redewendungen und Sprichwörtern, die mit Eiern zusammenhängen, und es macht Spaß, sich zu überlegen, was sie eigentlich bedeuten. Einige besonders merkwürdige sind diese:

Man soll nicht alle Eier in denselben Korb legen.
SCHWEDISCHES SPRICHWORT

Ein überfüllter Hühnerhof gibt weniger Eier.
CHINESISCHES SPRICHWORT

Egal, ob der Stein gegen das Ei schlägt oder das Ei gegen den Stein, das Ei geht in die Brüche.
INDISCHES SPRICHWORT

Auch ein rundes Ei kann in eckige Stücke geschnitten werden.
HAWAIIANISCHES SPRICHWORT

Nicht alle Hühner, die gackern, legen auch Eier.
FRANZÖSISCHES SPRICHWORT

Lieber heute ein Ei als morgen ein Küken.
SPRICHWORT AUS DEM IRAK

Wer Eier haben möchte, muss sich mit dem Gegacker abfinden.
LATEINISCHES SPRICHWORT

Wer Eier stiehlt, sollte auch das Huhn stehlen.
WALISISCHES SPRICHWORT

Verkauf das Ei, nicht das Huhn.
RUSSISCHES SPRICHWORT

Das Ei des Kolumbus

Mit dem Ausdruck »Ei des Kolumbus« bezeichnet man ein Problem, dessen Lösung zunächst unmöglich scheint, die aber, sobald man sie parat hat, ganz einfach aussieht. Man erzählt sich, dass Kolumbus einmal gefragt wurde, ob er es schaffte, ein Ei auf seiner spitzen Seite aufzustellen. Da nahm er das Ei und knackte seine Schale einfach ein wenig an, sodass es stehen blieb.
In einer anderen Geschichte heißt es, er hat das Ei in ein Häufchen Salz gestellt. Das funktioniert ja auch!

Ein faules Ei ist eigentlich ein Ei, das bebrütet wurde, aus dem aber trotzdem nie ein Vogeljunges geworden ist. Als faules Ei bezeichnet man üblicherweise auch eine Sache, die fragwürdig oder zweifelhaft ist. Jemand hat sich ein faules Ei ins Nest geholt, sagt man, und meint: Die Sache stinkt gewaltig!

Früher glaubte man, dass das Ei magische Kräfte hat. Es gab viel zu bedenken, wenn man sich Glück und Wohlergehen erhoffte und von Krankheiten verschont bleiben wollte.

So glaubte man, dass Trolle und Hexen eine ganze Eierschale für ihre Zauberei verwandten, wenn sie eine fanden. Deswegen war man immer darauf bedacht, seine Eierschale ordentlich zu zerkleinern, wenn ein Ei aufgegessen war.

Man glaubte auch, dass derjenige, der ein Ei berührte, das am Karfreitag gelegt worden war, von allen Krankheiten geheilt wurde. Am Karsamstag sollte man das Ei dann in einem Ameisenhaufen vergraben und darauf warten, dass die Ameisen es auffraßen. Schon war man wieder gesund!

Wer am Tisch zwischen zwei Geschwistern saß und Eier aß, dem wurde ein Wunsch erfüllt – glaubte man.

Manchmal veranstalteten die Knechte von Bauernhöfen einen Wettstreit, wer die meisten Eier essen konnte. Man glaubte nämlich, dass man von Eiern besonders stark wurde.

Wenn man mit Wasser in Berührung kam, in dem Eier gekocht worden waren, war man überzeugt, dass man davon Warzen bekam.

Man lebte in dem Glauben, dass ein Acker, in dessen vier Ecken jeweils ein Ei vergraben war, eine gute Ernte bescherte.

»Der Verzehr vieler Eier und ein langer Bart ist gegen Mundgeruch der beste Rat«, heißt ein Sprichwort aus Schweden.

Eier machen stark!

Einer Frau, die gerade ein Kind zur Welt gebracht hat, verabreichte man häufig rohen Dotter, denn dieser enthält viele wertvolle Vitamine und Mineralien.

Ein gekochtes Ei legte man außerdem in das Badewasser eines Neugeborenen, da das Ei es angeblich beschützte.

Kleine Kinder sollten erst Eier essen, wenn sie selbst »Ei« sagen konnten. Andernfalls dachte man, sie würden zu stottern anfangen.

Gegen Augenschmerzen hat man früher Eiweiß auf die Lider aufgetragen. Tränende Augen wurden mit Ei befeuchtet.

Das Ei in der Küche

Das Ei ist ein ausgezeichnetes Lebensmittel, auch für die Umwelt. Hühner benötigen nur wenig Bodenfläche, auf der sie picken können und es sind bei der Futtermittelherstellung kaum Pestizide erforderlich. Eier verursachen weniger Ausstoß von Treibhausgasen als Milch und Fleisch. Und Eierschalen, die in den Kompost geworfen werden, verrotten mit der Zeit und bereichern die Erde mit Kalk.

Sag Omelett!

Die Eier vieler Vogelarten sind essbar: neben denen von Hühnern auch die von Enten, Wachteln, Gänsen, Straußen, Pfauen, Fasanen und Emus.
Den Fischrogen von Felchen und Stör nennt man auch Kaviar.

Eier sind gut für das Skelett!

Eier enthalten bis auf Vitamin C alle Vitamine. Vitamin A ist gut für die Sehkraft und sorgt dafür, dass wir gut wachsen. Vitamin D hilft bei der Entwicklung unseres Skeletts und der Zähne.
In Eiern stecken außerdem wichtige Mineralien, zum Beispiel Eisen, das dem Blut dabei hilft, Sauerstoff zu transportieren.
Die Proteine des Eis unterstützen deinen Muskelaufbau und geben dir Energie!
Das Eigelb beinhaltet Cholesterol, welches gebraucht wird, damit die Zellen des Körpers funktionieren.
Eier sind also praktisch für alle gut – außer für diejenigen natürlich, die auf Eier allergisch sind.

Der Belugakaviar kommt von dem vom Aussterben bedrohten Beluga-Stör im kaspischen Meer. Ein Kilo Kaviar kann über 10.000 Euro kosten.

Dass Eiweiß erst durchsichtig ist und dann weiß wird, wenn man es kocht oder brät, liegt am Nährstoff Protein, der bei Erhitzung gerinnt.
Wenn Eiweiß geschlagen wird, bilden die Proteine ein Netz, das die Luftblasen, die hineingeraten, festhält, und ein weißer Schaum entsteht.
Dass Dotter sich grün färbt, wenn man ein Ei lange kocht, liegt daran, dass aus dem Ei Eisen und Schwefel austreten. Das ist weder gefährlich noch geht es auf Kosten des Geschmacks.

Ein rohes Ei kann man nicht einfrieren. Die Schale zerspringt nämlich vor Kälte und der Dotter wird zäh. Wenn man aber Dotter und Eiweiß miteinander verrührt, gibt es mit dem Einfrieren keine Probleme.
Man kann ein rohes Ei nicht in der Mikrowelle kochen – denn dann explodiert das Ei!

In vielen Ländern sollte man rohe oder weichgekochte Eier nicht verzehren, auch in Deutschland ist das so. Sie können sogenannte Salmonellen übertragen, durch die man krank wird.

Stangeneier werden in Restaurantküchen verwendet. Dazu trennt man das Eiweiß vom Dotter und gießt es in ein Rohr. In dessen Mitte kommt noch ein Rohr, in das der Dotter gegossen wird. Das Ei wird gekocht und die Rohre werden entfernt. Ein gekochtes Stangenei lässt sich gut in Scheiben schneiden, in allen Scheiben sind dann Eiweiß und Dotter hübsch gleichmäßig verteilt.

Wie du weißt, ist ein rohes Ei dann frisch, wenn beim Aufschlagen der Dotter eine kleine Halbkugel ergibt und das Eiweiß fest und weiß ist. Alte Eier können sehr schlecht riechen.

Wenn du ein frisches Ei in ein Glas mit Wasser legst, sinkt es auf den Boden. Nach ein paar Wochen stellt es sich auf.
Wenn das Ei an die Wasseroberfläche steigt, ist es zu alt zum Essen.
Je älter ein Ei nämlich ist, desto größer ist die Luftblase im stumpfen Ende des Eis, und eine große Luftblase sorgt dafür, dass das Ei aufsteigt.

Der Stempel auf einem gekauften Ei gibt Auskunft darüber, woher das Ei stammt, ob das Huhn freilaufend war, von welchem Hof es kommt, wie der Käfig beschaffen war, und anderes Wissenswertes.

Man kann auch ertasten, ob ein rohes Ei frisch oder alt ist. Fühlt sich das spitze Ende des Eis kalt an, und die stumpfe Seite warm, ist das Ei frisch. Wenn beide Seiten kalt sind, ist das Ei alt.

Unsicher, ob ein Ei schon gekocht ist oder noch roh? Leg es auf den Tisch und dreh es! Wenn das Ei roh ist, dreht es sich langsam und unregelmäßig. Ist es gekocht, dreht es sich leicht und schnell.

Eier soll man im Kühlschrank aufbewahren. Dort halten sie sich weitaus länger als auf dem Haltbarkeitshinweis vermerkt ist. Stehen die Eier mit dem spitzen Ende nach unten halten sie sich ein paar Monate. (So kommt der Dotter nicht in Kontakt mit der Schale.)
Denk daran, dass ein Ei den Geschmack von stark riechenden Lebensmitteln annehmen kann. Ein hartgekochtes Ei hält sich im Kühlschrank eine Woche.

Das perfekte Ei kochen!

Weichgekocht: 3 Min
Mittel: 5 Min
Hartgekocht: 8 Min

Die Angaben gelten für mittelgroße Eier

Nimm einen möglichst kleinen Topf. Fülle ihn mit Wasser. Lege das Ei hinein. Miss die Zeit ab dem Moment, wo das Wasser kocht, also Wasserblasen an die Oberfläche steigen. Wenn es fertiggekocht ist, halte das Ei unter kaltes Wasser, damit es abkühlt.

Wenn du sichergehen möchtest, dass die Hühner, die deine Frühstückseier gelegt haben, ein glückliches Leben leben und im Freien herumlaufen können, kaufe Eier aus Freilandhaltung mit Biosiegel. Oder du schaffst dir ein paar eigene glückliche Hühner an und sammelst die frisch gelegten Eier direkt aus dem Nest.

TIPPS:

Ein kühlschrankkaltes Ei zerplatzt im kochenden Wasser leichter. Hol das Ei also einen Moment vorher aus dem Kühlschrank. Oder leg es in kaltes Wasser.
Wenn du einen Silberlöffel ins kochende Wasser legst, zieht dieser die Luftblasen an und das Ei zerplatzt nicht so leicht!

Ein frisches Ei lässt sich schlecht pellen. Frisch gelegte Eier kann man eine Woche lang aufbewahren, bevor man sie kocht. Wenn sich ein Ei schwer pellen lässt, kann man es nach dem Kochen direkt kühlen oder du pellst das Ei unter fließendem Wasser.

Wenn dir beim Backen oder Kochen etwas Eierschale in deine Schüssel geraten ist, feuchte deine Hände an, um sie herauszufischen. So rutscht das Stückchen nicht einfach weg!

Kein Spülmittel mehr im Haus? Versuch mal, mit Eidotter zu spülen! Der enthält einen Stoff, der sich in Fett auflöst, genau wie die Substanz im Spülmittel.

Wenn ein rohes Ei auf den Fußboden fällt, lässt es sich leichter aufwischen, wenn man viel Salz daraufstreut.

REZEPTE

Schnee-Eier

4 Portionen

2 Eiweiß
1,5 El Zucker
Zum Kochen:
1 Liter Wasser
3 El Zucker

Schlag das Eiweiß, bis es zu festem Schaum geworden ist. Gib den Zucker dazu und rühre ihn leicht ein. Forme aus der Masse acht eiförmige Kugeln, z.B. mithilfe von zwei Esslöffeln. Bring das Wasser mit dem Zucker in einem großen Topf zum Kochen. Leg die Teigkugeln vorsichtig nacheinander in das kochende Wasser und lass sie eine Minute sieden (wende sie dabei mit einem Kochlöffel). Nimm die Kugeln heraus und lass sie abtropfen. Serviere die Schnee-Eier mit Vanille- oder Beerensoße.

Omelett

1 Omelett

2 Eier
2 El Wasser
1 Tl Salz
Etwas Butter zum Anbraten

Lass die Butter in einer Pfanne schmelzen und gib den zusammengerührten Teig in die Pfanne. Rühre ihn mit einer Gabel um, während er fest wird. Das Omelett ist fertig, wenn es noch cremig ist.

Ofenpfannkuchen

6 Portionen

4 Eier
300 gr Weizenmehl
0,5 Tl Salz
1 Liter Milch
Etwas Butter zum Anbraten

Verrühre Eier, Mehl, Salz und etwas von der Milch zu einem Teig. Gib nach und nach die restliche Milch dazu. Fülle den Teig in eine große gebutterte ofenfeste Form. In der Mitte des Backofens bei 225 Grad etwa 35 Minuten backen.

Chinesische Tee-Eier

4 Eier
15 gr loser schwarze Tee
oder Oolong (oder den
Inhalt von 3 Teebeuteln
schwarzem Tee)
3 Stück Sternanis
1 Zimtstange
3 Tl dunkle Sojasoße
2 Tl Salz

Leg die Eier in einen Topf mit Wasser, bring das Wasser zum Kochen und lass sie 10 Minuten kochen. Nimm die Eier danach heraus und schlage ihre Schale vorsichtig mit einem Löffel auf (ohne dass sich Eierschale löst). Leg die Eier zurück in den Topf mit Wasser. Gib Tee, Gewürze, Sojasoße und Salz dazu. Lass alles 30 Minuten sieden. Nimm den Topf von der Herdplatte und lass die Eier weiter im Teewasser ziehen. Je länger sie ziehen, desto würziger schmecken sie. Pelle die Eier und iss sie, sobald sie abgekühlt sind.

BASTELSPAß

Herz-Eier

1 hartgekochtes geschältes Ei, noch warm
1 runder Holzstab (z.B. ein chinesisches Essstäbchen)
Gummibänder
1 ausgespülter Milchkarton

Schneide den Milchkarton auf und schneide ein ca. 10x20 cm großes Stück davon zurecht.
Falte das Stück Karton in der Mitte. Lege das Ei in die entstandene Falte und befestige den Stab mithilfe eines Gummibands an jedem Ende längs darüber, sodass er das Ei festdrückt. Lass das Ei in seiner Presse, bis es kalt geworden ist (mindestens 10 Minuten). Schneide es für die richtige Herzform in zwei Hälften.

Gefärbte Eier

Eier, Wasser, Essig und Salz
Blaubeeren, Zwiebelschale, Spinat, Rote Bete, Kurkuma, Kaffeepulver oder etwas anderes, das färbt
Olivenöl zum Polieren

Misch jedes Färbemittel mit Wasser, gib ein bisschen Essig und Salz dazu. Lass die Eier darin 10 Minuten kochen. Koche das gefärbte Wasser für eine stärkere Färbung auf und lass die Eier über Nacht darin liegen. Anschließend kannst du sie kochen. Wenn man hübsche Muster auf seinen Eiern haben möchte, kann man sie vor dem Kochen mit Schnur umwickeln oder Blätter, Zweige o. ä. um die Schale binden. Reibe die Eier mit etwas Olivenöl ab, damit sie schön glänzen.

Kannst du das Ei zerdrücken?

Versuch mal, ein rohes Ei zu zerdrücken, indem du die Finger einer Hand auf das stumpfe und das spitze Ende des Eis drückst (wie auf dem Bild). Schaffst du es?

Hüpf-Eier

1 Ei
Essigessenz (oder Essig)
Wasser
Ein Trinkglas

Vermische in einem Glas etwas Essigessenz mit Wasser. Essigessenz reizt Augen und Haut, sei also vorsichtig! (Essigessenz kann daher auch durch unverdünnten Essig ersetzt werden.) Leg ein rohes Ei in das Glas. Lass es 24 Stunden darin liegen, bis sich die Schale aufgelöst hat und nur die Schalenhaut das Ei zusammenhält (berühre das Glas währenddessen nicht).
Gieß die Essigessenz weg und lass das Ei aus ungefähr 10 Zentimeter Höhe auf die Spüle fallen.

Die Informationen in diesem Buch habe ich
aus den verschiedensten Quellen zusammengestellt.
Die besten waren:
Höns von Karin Neuschütz, Kristina Odén und Tore Hagman
Boken om Göken von Per G.P. Ericson und Hans Sjögren
Hönsboken von Anders Jansson und Nina Östman
Börka med höns von Anette Sievers
Lägg ägg von Lotta Silfverhielm

Lena Sjöberg

Wer hat nun diese ganzen Eier gelegt? 1. Trottellumme 2. Dinosaurier (Macroelongatoolithus xixiaensis) 3. Rochen 4. Mistkäfer 5. Fisch 6. Emu 7. Strauß 8. Schnabeltier 9. Spinne 10. Hai 11. Laus 12. Großfußhuhn 13. Kakerlake 14. Riesen-Stabschrecke 15. Frosch 16. Ameise 17. Stör 18. Huhn